U0489779

中国科学院院士、中国工程院院士是我国科学技术界、工程技术界的杰出代表，是国家的财富、人民的骄傲、民族的光荣。

摘自：习近平总书记在 2014 年 6 月 9 日两院院士大会上的讲话

郭尚平
院士画传

石油院士系列丛书

张延玲　王正波　刘先贵　等编

石油工业出版社

图书在版编目（CIP）数据

郭尚平院士画传/张延玲等编.—北京：石油工业出版社，2022.1

（石油院士系列丛书）

ISBN 978-7-5183-5076-6

Ⅰ.①郭… Ⅱ.①张… Ⅲ.①郭尚平—传记—画册 Ⅳ.①K826.16-64

中国版本图书馆 CIP 数据核字（2021）第 240167 号

出版发行：石油工业出版社
（北京安定门外安华里2区1号楼　100011）
网　　址：http://www.petropub.com
编辑部：（010）64523546　图书营销中心：（010）64523633
经　　销：全国新华书店
印　　刷：北京中石油彩色印刷有限责任公司

2022年1月第1版　2022年1月第1次印刷
889×1194毫米　开本：1/12　印张：11.5
字数：50千字

定价：200.00元
（如发现印装质量问题，我社图书营销中心负责调换）
版权所有，翻印必究

石油院士系列丛书

编委会

主　任：马新华

副主任：窦立荣　邹才能　张卫国　郭三林

主　编：邹才能

副主编：陈建军　章卫兵　王建强　李　中

委　员（以姓氏拼音排序）：

邓松涛　方　辉　郭彬程　洪　峰

黄金亮　康楚娟　李伯华　李浩武

刘文岭　牛嘉玉　王　海　王世洪

温志新　闫建文　严增民　尹月辉

袁江如　张延玲

编写组

张延玲　王正波　刘先贵

李树铁　康楚娟　朱维耀

谢海滨　罗　凯　吴淑红

杜艳玲　崔玉波　熊　伟

叶继根　刘庆杰

石油院士系列丛书

郭尚平院士简介

郭尚平，流体力学家、生物力学家、油气田开发专家。1929年生于四川荣县，籍贯四川省隆昌县（今隆昌市），1951年加入中国共产党，1951年毕业于重庆大学，留校任教，1953年被国家派往莫斯科石油学院和全苏油田开发研究所留学，1957年4月获副博士学位。长期在石油工业部（中国石油天然气集团公司）和中国科学院工作，现为中国石油科学技术研究院杰出高级专家。1983年由中共中央任命为中国科学院兰州分院院长，曾任石油勘探开发科学研究院副院长、中国科学院（直属）兰州渗流力学研究室主任、长庆油田研究院副院长等职。二十世纪五十年代、七十至九十年代先后担任国家科学技术委员会力学学科组及石油地质专业组成员，国务院学位委员会、国家自然科学基金会力学学科组成员，中国力学学会常务理事和流体力学专业委员会副主任，中国石油学会常务理事兼学术委员会主任，中国科学院数学力学天文学专家委员会委员，国际石油工程师协会年会学术委员会中方主席。1995年当选为中国科学院（数学物理学部）院士。

郭尚平的主要研究领域是油气开发和渗流力学，在研究计算渗流力学和实验渗流力学的同时，也从事与生产直接相关的油田开发设计。他还对生物医学工程中的生物力学开展了一系列研究。为开展生物渗流力学研究，他近50岁时还同医学院2年级学生坐在教室听人体生理学等课程。由于组织安排的工作需要，他自学过冰川、冻土、沙漠、泥石流等地理学科的入门书籍，攀登过海拔5100米的"七一冰川"，考察过青藏高原海拔4837米的昆仑山垭口（最后一次攀登时57岁），考察过乌兰布和、腾格里和巴丹吉林沙漠，也考察过云南东川蒋家沟——我国最大的泥石流沟。他带领文子祥、杨素冰执笔起草冰川冻土沙漠研究所第5个五年（1976—1980年）计划；1977年在北京友谊宾馆，他以地学组学术秘书身份执笔起草了全国地球学科的科学发展十年规划，并同时参加编制全国力学学科的科学发展十年规划。1962年夏，数百位科学家齐聚北京民族饭店制定全国科学发展十年规划，钱学森、周培源、郭永怀等老前辈亲自领导力学学科组，近20名组员中最年轻的是兰州地质所渗流室的郭尚平和力学所的林鸿荪。郭尚平还学过冶金和采煤，下过地下巷道跑火车的现代煤矿，也曾在洞高仅60厘米、匍匐才能通过的土煤窑里艰难爬行。

简介

在科技研发中郭尚平特别强调开拓创新，在以下四个方面取得了八项突出成果：

创立了渗流力学两个学科分支："微观渗流"和"生物渗流"。郭尚平及其团队突破渗流力学宏观研究的传统，提出"微观渗流"科学思想、理论和技术，开辟了渗流力学的微观研究领域。二十世纪八十年代发现和明确了54项微观渗流机理，1990年出版专著《物理化学渗流 微观机理》，初步建立了微观渗流理论，加强了提高原油采收率和产量的理论基础。突破渗流力学研究岩石土壤内流动的传统，与生命学科交叉渗透，提出"生物渗流"思想和理论，开创了"生物渗流"学科分支。其理论在生理和病理方面获初步应用，例如，证实医学上关于肝小叶区带功能差异设想和肝病腹水量增加的原因等。美国国家科学院和工程院院士、"生物力学之父"冯元桢教授评价："郭先生的理论在世界上是突出的"，中华医学会吸收郭尚平为会员。

建立了两个计算新方法：非均质油田开发过程的水动力学计算方法；小层动态分析方法。前者优于当时苏联和美国的方法，水平达到国际领先，在大庆油田开发设计中应用。小层动态分析方法属原创，在玉门油田实际应用并在大庆油田展示推广。

研发了两项模拟实验新技术：一次成型大模型宏观模拟和测试技术、微观模拟和测试技术。二十世纪六十年代初，国内只有岩心分析实验，该大模型实验技术系国内首创，能观测多相流体在地层内的运动规律。玉门油田应用该技术解决了有断层时的高效注水问题，大庆油田派人学习了全套技术，此后大模型实验技术在我国迅速发展。微观模拟和测试是研究微观渗流的技术，属原始创新。郭尚平团队开发成功11项配套的微观模拟测试技术。中国石油天然气总公司于1989年举办培训班，在全国石油单位和院校推广该技术，现已成为常规试验技术，使流体渗流、油气藏工程、提高油气采收率等研究深入到孔隙裂隙层次。该技术也适用于土壤改良、地下水污染、海水入侵和地面沉降等方面的渗流和工程技术研究。

参加了中国最先按正规设计开发的两个大油田的开发设计。郭尚平是新疆克拉玛依油田开发设计的主要设计人，大庆油田第一个开发区开发设计渗流研究计算组组长（原石油工业部松辽油田开发工作组），为我国油田开发做出重大贡献。

郭尚平曾获国家自然科学奖、何梁何利科学技术进步奖、中国科学院和中国石油天然气总公司重大成果奖和科技进步奖，以及"石油工业有突出贡献科技专家"称号，出版著作3部，发表论文50余篇。培养博士、博士后30余人。

在研究生培育方面，郭尚平同时注意科研能力培养和政治思想教育。他对入学新生的首次谈话总是强调两方面：创新—学风—攀登、爱党—爱国—爱人民。他常说："开拓创新是科学研究技术开发之灵魂，百折不挠勇攀高峰精神是成功之保证，踏实诚实求是乃科技道德之要领，爱党爱国为人民是科学家精神之根本。""勤奋踏实做学问，独立思考勇创新；爱党爱国为人民，科技高峰敢攀登。""社会在前进，科技要创新；后浪推前浪，学生超先生；国人齐奋起，世界夺冠军！"他总是鼓励研究生敢超前人，敢为人先，"中国人在世界上一定能科技领先"。

郭尚平一生淡泊名利，甘于奉献，为人低调，严于律己。成为院士候选人，不是他自己争取的，是中国科学院数学物理学部常委林同骥先生等主动推荐的。1995年当选院士时他还是一个"年轻人"，如今已是92岁高龄的老先生，但仍自己亲手制作多媒体、作学术报告。

郭尚平特别强调科研团队的作用。他常说："我们的成果都是科研集体共同努力完成的；个人的力量总是小的，集体的力量才是大的；我特别感谢刘慈群、黄延章、胡雅礽、于大森、李永善、闫庆来、孙敏荣、马效武、周娟、吕耀明、刘泽阳、马守信、刘庆杰、李希、吴万娣、陈永敏、刘先贵、熊伟等渗流团队的老同志们的长期友好的团结合作和深厚友情。"

前言

华夏自古多英杰，丹心处处耀神州。习近平总书记高度评价两院院士是"国家的财富、人民的骄傲、民族的光荣"。两院院士是科学家的杰出代表，在 2020 年 9 月科学家座谈会上，总书记指出：科学家精神是科技工作者在长期科学实践中积累的宝贵精神财富。2019 年 5 月，党中央专门出台《关于进一步弘扬科学家精神加强作风和学风建设的意见》，要求大力弘扬胸怀祖国、服务人民的爱国精神，勇攀高峰、敢为人先的创新精神，追求真理、严谨治学的求实精神，淡泊名利、潜心研究的奉献精神，集智攻关、团结协作的协同精神，甘为人梯、奖掖后学的育人精神。

一部艰难创业史，无数精英谱华章。在我国油气工业发展历程中，群星荟萃，鸿儒辉映。中国石油勘探开发研究院培养造就了以 19 名中国科学院、中国工程院两院院士为代表的一大批国内外知名专家，打造了一支敬业奉献、开拓创新的科技人才队伍，为中国石油事业发展提供了不竭的智力支撑。他们为祖国油气工业发展做出了彪炳史册的重大贡献。本次出版画传的李德生、翟光明、郭尚平、戴金星、胡见义、邱中建、韩大匡、童晓光 8 位资深院士，是我国油气勘探开发领域杰出的科学家。他们胸怀深厚的爱国主义情怀，凭借精湛的学术造诣、宽广的科学视野，艰辛探索创新油气地质与开发理论技术，发挥科技引擎作用，推动重大油气发现与大油气田开发，充分展现了科学家精神和石油精神，谱写出一曲"我为祖国献石油"的豪迈壮歌。

人无精神不立，国无精神不强。科学成就离不开科学家精神支撑。弘扬科学家精神，做新时代追梦人，是新时代赋予我们的历史使命。编撰资深石油院士画传，是传承科学家精神的重要载体，也是尊重知识、尊重人才的重要体现，更是学习党史、中国革命史、新中国史、改革开放史和石油工业史的最直接抓手。中国石油勘探开发研究院组织编写出版资深院士画传，以丰富的照片、感人的故事、珍贵的历史画面，展现石油院士们科技报国科技献油的学术贡献、促进油气发展的主要成就、攻坚克难创新的理论技术、不懈追求奉献智慧的幸福人生。宁肯心血熬干，也要高产稳产，寄托科技梦想；无畏早生华发，引得油气欢唱，奏响盛世华章。每位资深院士的画传，精选了 300 幅左右照片，生动再现了他们青少年时期刻苦学习笃学致远、工作后科学报国星光闪耀、精心育人桃李满园、亲情友情岁月如歌、精彩人生大事记录等丰富内容。画传多角度、立体性、画卷式展示了院士们的高超学术造诣、卓越贡献、高尚品德和精彩生活。

奋进新时代，阔步新征程。站在"两个一百年"奋斗目标的历史交汇点，以习近平同志为核心的党中央，高瞻远瞩、运筹帷幄，把石油天然气等关键核心技术的全面攻坚摆在国家急迫需要和长远需求的首要位置，提出了建设世界科技强国、实现高水平科技自立自强的总要求。我们广大科技工作者要传承弘扬科学家精神，以与时俱进的精神、革故鼎新的勇气、坚韧不拔的定力，坚持"四个面向"，把握大势、抢占先机，直面问题、迎难而上，勤于创造、勇于奋斗，乘风破浪、开拓进取，肩负起时代赋予的重任，在新的伟大征程上书写新的奋斗史诗，为实现中华民族伟大复兴的中国梦贡献石油科技力量！

中国石油勘探开发研究院

2021 年 11 月

石油院士系列叢書

目录

第一部分	笃学致远	3
第二部分	科学之光	33
第三部分	桃李满园	91
第四部分	岁月如歌	97
大事记		119

传承文明　彰

从迈入四川省自贡市玉皇庙小学开始,郭尚平的求学之路在崎岖的巴蜀古道上蜿蜒前行,穿越自贡、隆昌、成都、重庆、北京,最后直至苏联首都莫斯科,迈入了莫斯科石油学院的大门,成为公派留苏研究生的一员。20余年的寒窗苦读,不仅让郭尚平成长为一名德才兼备的莘莘学子,更让他的思想不断得到扬弃、升华,成长为一名信仰坚定、初心无悔的共产党员。

1948年，郭尚平就读重庆大学二年级时留影

1953年，郭尚平在北京俄文专修学校留苏预备部学习时留影

1962年，郭尚平在重庆时留影

郭尚平（2003年）

郭尚平（2012年）

郭尚平（2014年）

郭尚平近照（2021 年）

1999年，郭尚平（右1）参观母校玉皇庙小学（现为自贡市第一中学）

自贡市原玉皇庙小学现状

1999年，郭尚平（右1）在20世纪30年代旧居大门前留影（自贡市原高山井18号）

2009年，郭尚平和家人在20世纪30年代旧居内留影（自贡市原高山井18号）

1949年，郭尚平在成都清华中学高十班上学时好友、同班同学刘祖仁（左）在重庆留影

2005年，郭尚平（右）在成都看望老友、隆昌县立初中33班（1940—1943）同班同学、重庆大学同学（1947—1950）、长庆油田同事（1971—1974）、著名石油测井专家兰家通教授（左）

2018年，故乡四川隆昌各中学校长来郭尚平家团聚时留影

（左1好友罗南杰校友，左4郭尚平母校隆昌一中校长舒平，左5罗广芳，左6郭尚平）

1948年，重庆大学进步学生组织"求实社六君子"合影（前排左起：张静文、郭尚平、施希安；后排左起：王卓之、程地全、江炳南。王卓之为地下党员，中华人民共和国成立初期任重庆大学团委书记；其余5人除郭尚平外均为地下社员，并于1950年5月转为中国新民主主义青年团团员；郭尚平于1950年3月入团，1951年1月加入中国共产党；程地全于1950年7月加入中国共产党，中华人民共和国成立初期任重庆大学团委书记，以后曾多年任重庆大学党委书记）

1951年，郭尚平任重庆大学助教的聘书

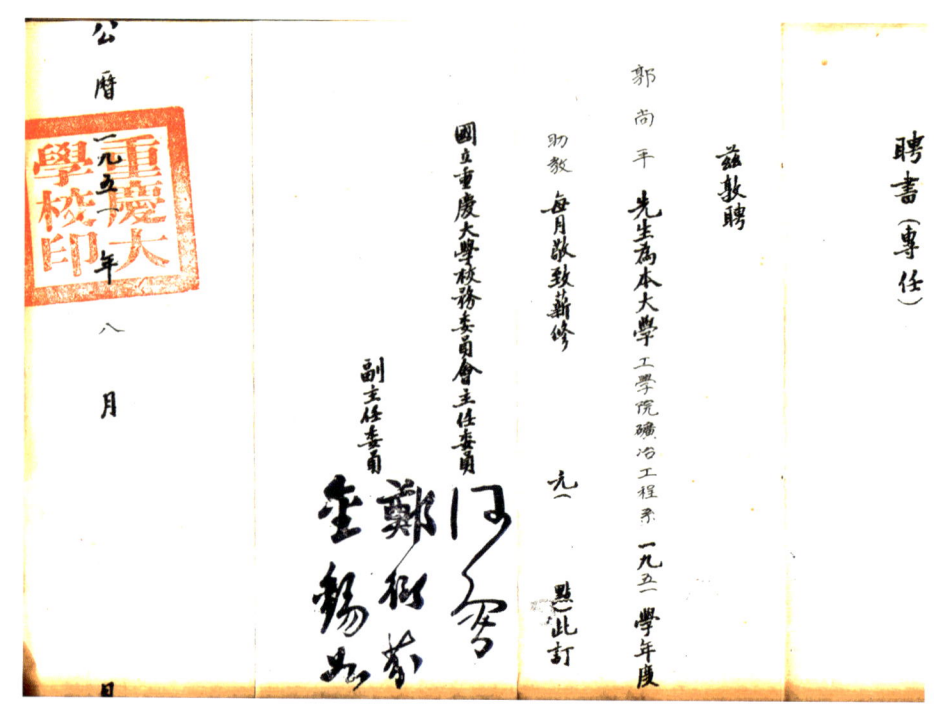

1988年，在天津参加第三届国际石油工程会议的重庆大学校友合影

[前排：右2曹祖根，右3罗蛰潭（郭尚平的老师）；后排：右1黄明登，右2王正清，右3郭尚平，右4陈应泰，右5杜博明]

1999年，重庆大学校友会理事会成员合影（前排：左11江泽佳，左12程地全，左13郭尚平）

2004年，庆祝重庆大学75周年校庆报告会留影（左4鲜学福院士，左5郭尚平，左6罗广芳）

2002年，重庆大学矿冶系1947级（1951届）同学及夫人们在北京石油大院聚会［第二排左起：龙俊超、王世伦、沈忠厚、查治楷、苏万里、杨世泽、熊昌贵；后排左起：张益龙、郭尚平、程地全、江炳南、张静文、曾令元、杨克努、唐吉旭；前排：左2罗广芳（郭尚平夫人），左3向玉如（程地全夫人），左5罗先容（沈忠厚夫人），左9高大夫（查治楷夫人）］

2009年，重庆大学80周年校庆大会上，郭尚平代表20万校友致贺词

郭尚平携家人在重庆大学民主湖留影

2009年，郭尚平在重庆大学资源与环境科学学院作学术报告后为听众签字题词留念

2019年，重庆大学90周年校庆时郭尚平、罗广芳夫妇在松林坡大礼堂（1949年前后学生运动重要集会点）前留影

郭尚平、罗广芳夫妇在重庆大学工学院大楼前留影

重庆大学寅初亭（及其紧邻的团结广场）是1949年前后学生运动的主要活动区域

1953年，北京北海公园，留苏预备部研究生39班部分学员合影 [前排：左2李志坚，左4小吕（女），左5陈先愉（女）；第二排：左1谢曦；后排：左1徐鼎铭，左4万百五，左5郭尚平，左6邓蓉仙]

1953年，北京俄专鲍家街教室外留苏预备部研究生39班部分学员合影（第二排：左1邓蓉仙，左2顾复生，左3段一士；后排：左1杨德森，左2郭尚平）

2002年，北京外国语大学60周年校庆特邀郭尚平、罗广芳出席庆典（郭尚平、罗广芳及儿媳杨林都是北京外国语大学校友）（右起：北京外国语大学副校长、北京外国语大学校长陈乃芳、罗广芳、郭尚平、北京外国语大学教务处主任）

1953年，莫斯科石油学院门前留影（左起：何伯荣、王亚熙、校方与中国学生联系人、付朝元、刘振瀛、卢爱珠、郭尚平、施长顺）

1953年，莫斯科学生街5号楼5层137室4位研究生合影（左起：罗马尼亚人亚历山大·维勒斯库、郭尚平、苏联同学、巴什基里亚人吉夫·胡泽耶维奇）

1954年，莫斯科学生大街5号楼5层137室，郭尚平为苏联研究生吉夫·胡泽耶维奇读译《人民日报》，教他识汉字

1953年，莫斯科高尔基公园留影（左起：翁振渊、吉夫·胡泽耶维奇、徐文渊、胡泽明、郭尚平）

1954年"五一"国际劳动节,莫斯科石油学院的研究生在莫斯科红场合影(左1郭尚平)

1954年"五一"国际劳动节,莫斯科石油学院的研究生在莫斯科红场游行时合影(右2郭尚平)

1954年"五一"国际劳动节，在莫斯科红场合影（左起：商正平、郎兆新、郭尚平、李宝清、林秀葵）

1954年夏，莫斯科市团委组织各国学生乘"果戈里号"游轮从莫斯科出发，沿伏尔加河旅游至里海港口阿斯特拉罕（左1郭尚平，左3"果戈里号"游轮船长，左4李连仙，左6李云霞，左7王美霞。本图载于《中国青年报》1954年9月4日第4版）

1954年，在伏尔加河旅行时在古比雪夫市合影（前排：左1邱伯堂，左3李云霞，左4李连仙；第二排：左1黄志渊，左7许连起；后排：左2陈光裕，左4郭尚平）

1954年，在伏尔加河旅行时在斯大林格勒合影（前排：左3李莲先，左4王美霞，左5吴越，左6许连起；第二排：左3宓传贤，左4陈光裕，左5李云霞，左6郭尚平；后排：左3邱伯堂）

1954年，在伏尔加河旅行时小乐队合影（左起：黄志渊、李云霞、王美霞、许连起、郭尚平、吴越）

1954年，在伏尔加河旅行时合影（左1张宏生，左3刘沙，左4郭尚平，左6吴祖强）

1954年，在伏尔加河旅行时在罗斯托夫城合影（左9邱伯堂，左10陈光裕，左15李云霞，左19郭尚平，左20吴越，左23黄志渊，左2李连仙，左25王美霞，左26许连起）

1954 年，郭尚平在莫斯科远郊疗养院滑雪

1954 年前入学的 8 位研究生合影（前排左起：郭尚平、干志坚、胡泽明、王逦；后排左起：林冀、翁振渊、顾长立、徐文渊）

1955年"五一"国际劳动节，在莫斯科红场游行时合影（左起：朱启明、郭尚平、施长顺、卢爱珠、付朝元、邱伯堂、张瑞年）

谢尔卡乔夫教授2001年1月15日致郭尚平的信

1992年，莫斯科石油学院同学春节聚会（第三排：左9郭尚平）

2000年，莫斯科石油学院同学及家属在石油大学（北京）聚会（前桌左起：王迺、白世英、郭尚平、郭雪、罗广芳、干志坚、黄荣樽；后桌左起：孙志道、郎兆新）

2013年，郭尚平在北京与莫斯科石油学院研究生、原石油工业部部长王涛合影

2004年，重庆大学矿冶系校友偕夫人拜谒邓小平故居（右2陈思烈，右3郭尚平，右5罗广芳，右6张益龙，右8李春信，右9陈英武，右10唐吉旭，右11沈忠厚，右13杨世泽，右14、右15查治楷夫妇，右16、右17曾令元夫妇，右18何泽福，右20冯文运）

2019年，悼念杨靖宇烈士时合影（前排：右1郭尚平，右2罗广芳）

2015年，郭尚平、罗广芳夫妇拜谒毛泽东故居

2015年，郭尚平、罗广芳夫妇在延安宝塔山合影

2015年，郭尚平、罗广芳夫妇参观中共七大旧址留影

重庆大学矿冶系1947届同学参观红岩博物馆（左1冯文运，左2郭尚平，左3查治楷，左4杨世泽，左6张益龙，左7陈英武，左8罗广芳，左9曾令元，左10高大夫，左11唐吉旭，左13沈忠厚，左14向玉如，左15陈思烈，左17李春信，左18何泽福）

郭尚平专心学习新党章

贵州息烽集中营，郭尚平、罗广芳夫妇悼念烈士并献花后，向党再宣誓

1989年北京，培养郭尚平入党的中共地下党支部组织委员文国荣（右1）及夫人孙丽艳（右2）与郭尚平（右5）及夫人罗广芳（右3）等亲友聚会

重庆大学校友李晓红院士（左）与郭尚平（右）在人民大会堂参加两院院士大会时合影

2014年，重庆大学老同学在北京郭尚平家聚会 [左起（中华人民共和国成立初期在重庆大学为学生时的政治身份）：郭尚平（工学院团总支书记）、张全（地下党员、校学生会主席）、徐汉生（地下党员、校学生会主席）、周生询（团支部书记）、宴淑陶（地下社员）]

2019年，重庆大学老同学在胡新家聚会[右起：胡新（地下党员，中华人民共和国成立初期任重庆大学校党支部书记）、郭尚平、罗广芳、王大夫（胡新之妻）]

2019年，郭尚平在重庆大学与自己负责思想政治培养成长入党的第1位同志谢上芬（左1）交谈（左2向玉如，左3郭尚平，左4罗广芳）

恒温箱

郭尚平 科学之光

　　从苏联学成归国之后，郭尚平竭心尽力地将自己的所学奉献给了新中国的科技工作。先后参加了克拉玛依油田、大庆油田、长庆油田、四川气田等多个油气田的开发工作，主持筹建了中国科学院兰州渗流力学研究室。其主要成就包括两个油田开发设计、两个计算方法、两项模拟技术发明和两个学科分支建立，即参加了克拉玛依油田开发设计和大庆油田萨尔图中区146平方千米面积开发设计，建立了非均质油田开发过程的水动力学计算方法和小层动态分析方法，发明了微观模拟测试技术和一次成型大模型实验测试技术，开创了微观渗流和生物渗流两个学科分支。

郭尚平（1998 年）

郭尚平（2007 年）

工作中的郭尚平（2021年）

1962年元旦，松辽油田开发工作组人员合影（郭尚平因感冒未能参加）

证　明

郭尚平同志是新疆克拉玛依油田开发设计的主要设计人(1958—1960年),是大庆油田第一个开发区(大庆萨尔图中区146平方公里)开发设计中渗流力学研究计算的第一负责人(1961—1962年),为油田开发做过重大贡献。

证明人:谭文彬

(中国石油天然气总公司副总工程师)

1991年2月　日

中国石油天然气总公司关于郭尚平相关工作的证明

大庆萨尔图油田146平方公里面积的开发方案报告

《非均质油田开发过程的水动力学计算方法》，原载于 1964 年 6 月出版的《力学学报》。该文 1964 年被列为中华人民共和国国家科委《科学技术研究报告》第 0134 号《二相流体在非均质介质中的刚性渗流问题》的第 1 项成果

玉门油田王治同关于郭尚平团队建立小层动态分析方法并实际应用的证明

1965年，玉门石油沟油田研究人员根据中国科学院兰州分院渗流力学研究室与玉门油田采油研究所合作完成的大模型实验结果设计实施现场注水方案

1989年，中国石油天然气总公司举办微观模拟技术培训班通知

郭尚平等撰写的世界上第1部微观渗流专著《物理化学渗流 微观机理》

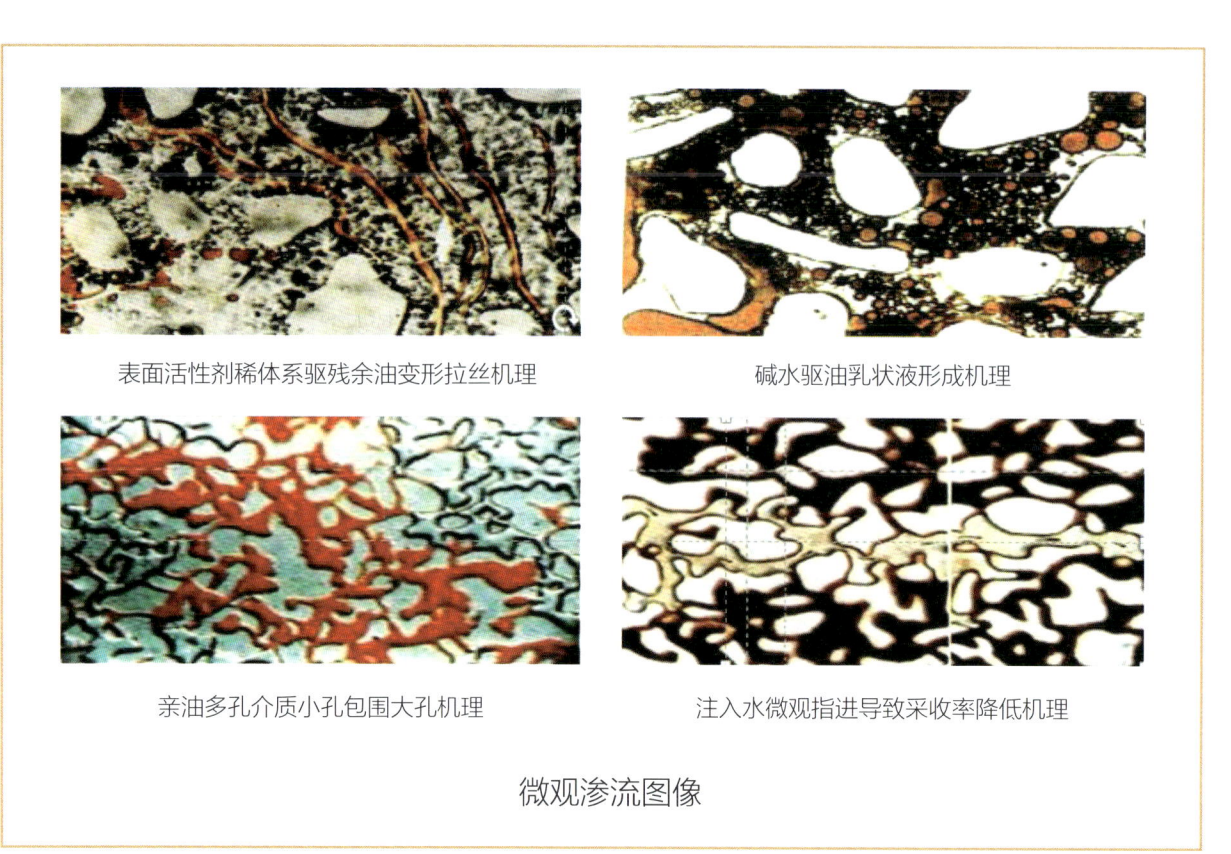

表面活性剂稀体系驱残余油变形拉丝机理　　碱水驱油乳状液形成机理

亲油多孔介质小孔包围大孔机理　　注入水微观指进导致采收率降低机理

微观渗流图像

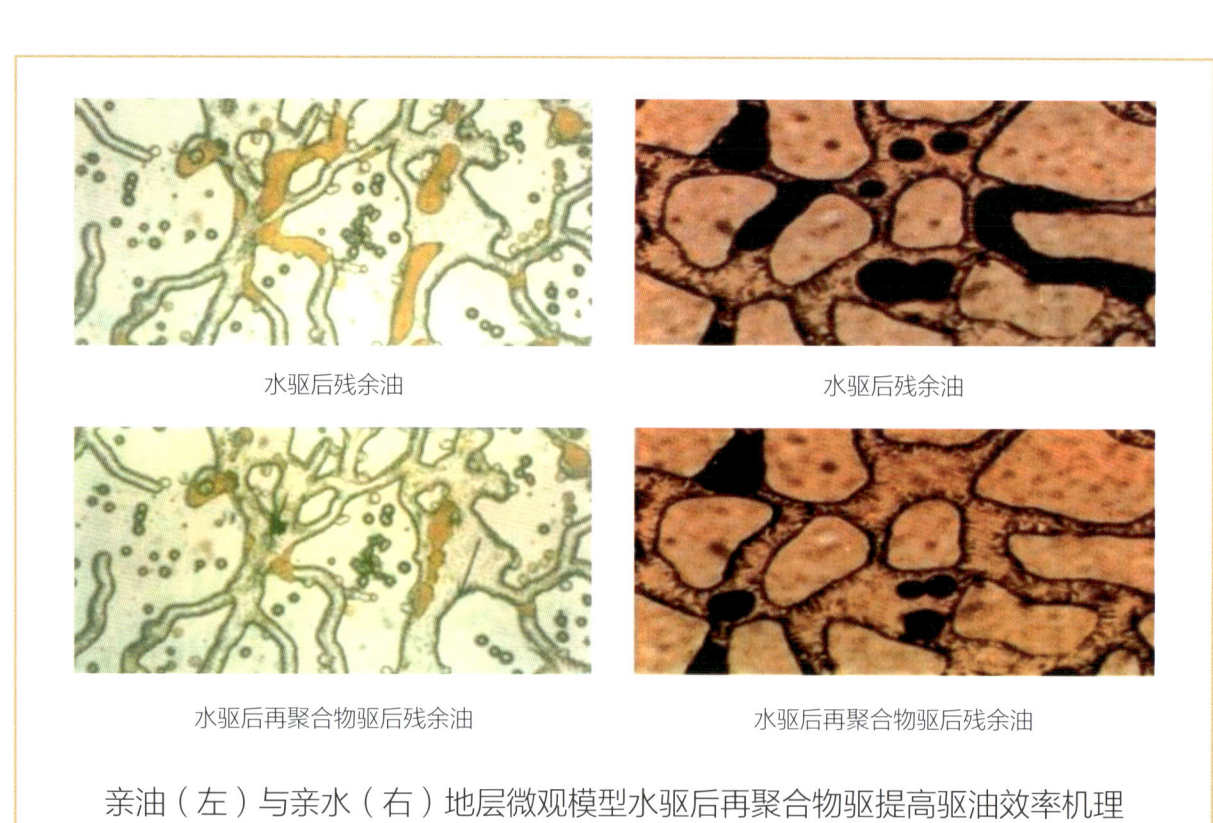

水驱后残余油　　水驱后残余油

水驱后再聚合物驱后残余油　　水驱后再聚合物驱后残余油

亲油（左）与亲水（右）地层微观模型水驱后再聚合物驱提高驱油效率机理

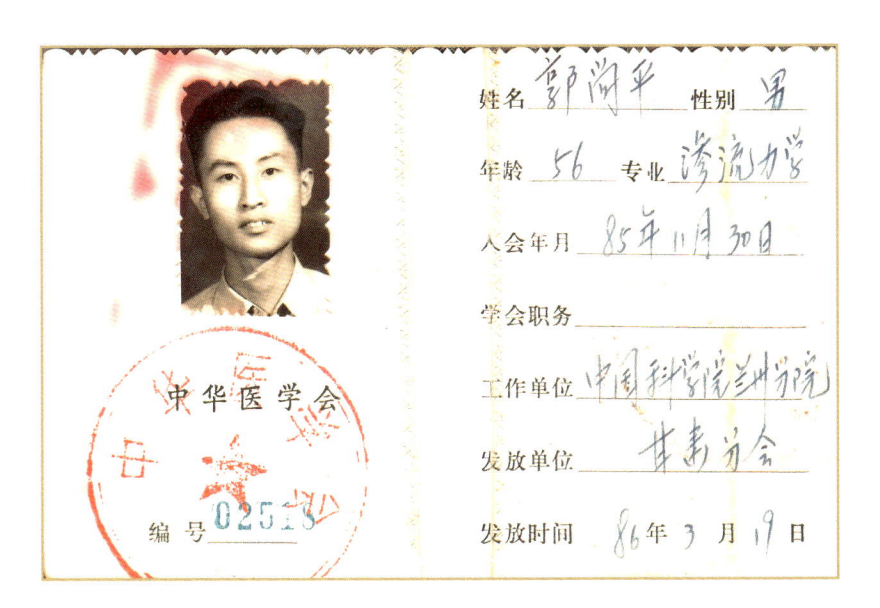

郭尚平中华医学会会员证

生物脏器多孔介质宏观照片和扫描电子显微照片

郭尚平团队生物渗流科研成果

- 猪肾血管体系铸型立体标本宏观照片
- 兔肺血管体系铸型立体标本宏观照片 
- 兔肝血管体系铸型立体标本宏观照片 
- 猪心左心室动脉系统铸型立体标本宏观照片 

- 兔肝肝小叶扫描电子显微照片（人肝约有50万个肝小叶）
- 兔肝肝小叶扫描电子显微照片 
- 猪肾肾小球的裸露的血管球原形扫描电子显微照片（人肾约有100万个肾小球） 
- 猪肾肾小球的展开的血管球扫描电子显微照片 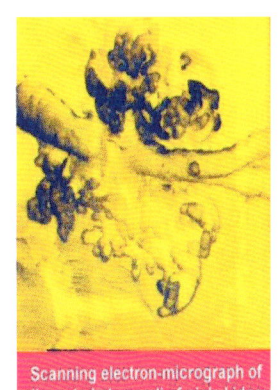
- 兔肺肺泡系统扫描电子显微照片（人肺有4亿~6亿个肺泡） 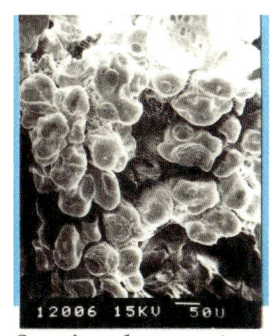
- 兔肺肺泡之间的通道（孔径6微米的肺泡孔）扫描电子显微照片

生物渗流基本规律（一般是非达西定律）

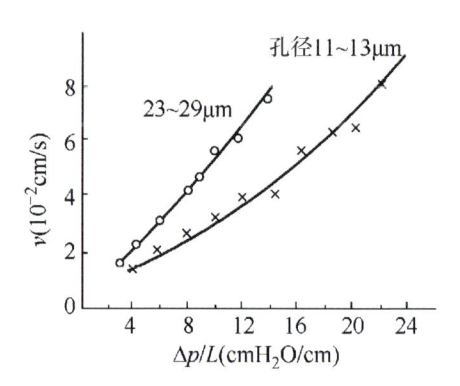

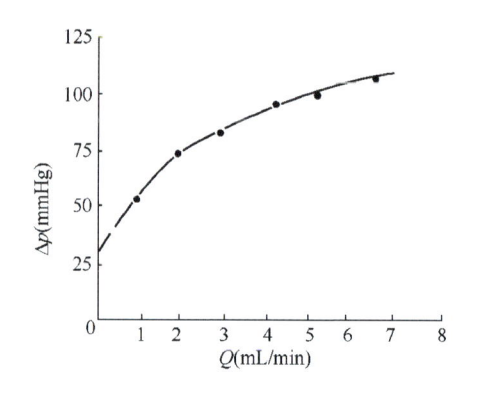

模拟多孔介质真实人血渗流基本规律曲线　　医用家兔在体实验兔脑全血渗流基本规律曲线

肝内四重介质渗流数学模型（介质Ⅰ为肝血窦网，介质Ⅱ为窦周间隙网，介质Ⅲ为肝细胞网，介质Ⅳ为胆小管网）

介质Ⅰ：
$$\frac{1}{r}\left[\frac{\mathrm{d}}{\mathrm{d}r}\left(r\frac{\mathrm{d}\varPhi_1}{\mathrm{d}r}\right) - \varepsilon_1\right] + A_1(p_1 - p_2) + B_1 = 0$$

介质Ⅱ：
$$\frac{1}{r} \cdot \frac{\mathrm{d}}{\mathrm{d}r}\left(r\frac{\mathrm{d}\varPhi_2}{\mathrm{d}r}\right) + A_2(p_1 - p_2) + B_2(p_2 - p_3) + C_2 = 0$$

介质Ⅲ：
$$A_3(p_2 - p_3) + B_3(p_3 - p_4) + C_3 = 0$$

介质Ⅳ：
$$\frac{1}{r} \cdot \frac{\mathrm{d}}{\mathrm{d}r}\left(r\frac{\mathrm{d}\varPhi_4}{\mathrm{d}r}\right) + A_4(p_3 - p_4) + B_4 = 0$$

肺内二重介质渗流数学模型（介质Ⅰ为毛细血管网，介质Ⅱ为肺泡网）：

介质Ⅰ：
$$(D_1 - p_2) \cdot \nabla^2 p_1 + \nabla^2\left(\frac{1}{2}p_1^2\right) - f_{1,2}(x, y, z) + [E_1 - F_1(p_1 - p_2)]p_1$$
$$= \frac{\alpha_1 \mu_1}{\beta_1} \cdot \frac{\partial}{\partial t}(p_1 - p_2)$$

介质Ⅱ：
$$[D_2 + (p_2 - p_1)] \cdot \nabla^2\left(\frac{1}{2}p_2^2\right) + [f_2(x, y, z) - f_{1,2}(x, y, z)]p_2 - [E_2 + F_2(p_2 - p_1)]p_2$$
$$= \frac{\alpha_2 \mu_2}{\beta_2}\left\{[G_2 + (2p_2 - p_1)]\frac{\partial p_2}{\partial t} - p_2 \frac{\partial p_1}{\partial t}\right\}$$

渗流所研发的高温高压微观实验测试设备的主体部分（50MPa，100℃）

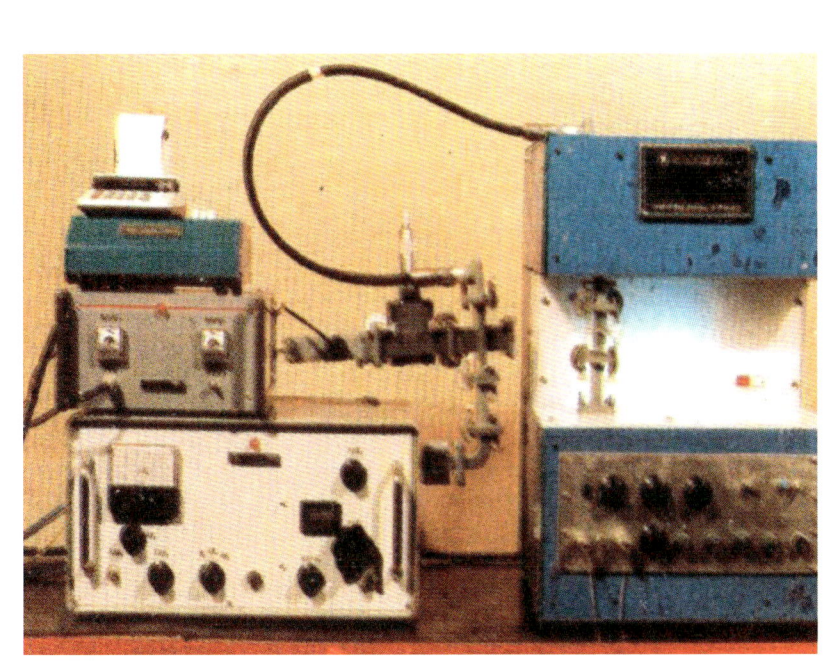

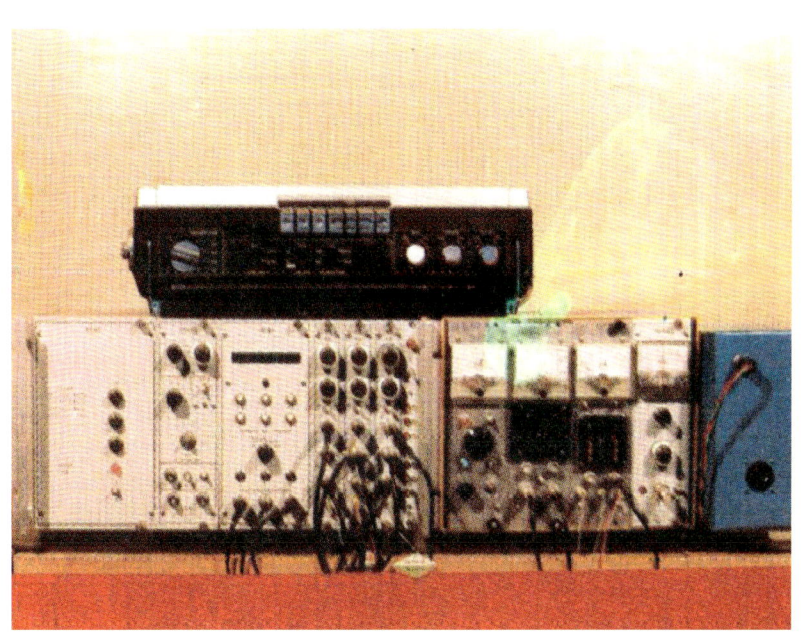

渗流所研制的微观二相和三相流体微流量测试仪（20世纪80年代研发）

1987年，渗流所胡雅礽（左5）在演示和讲解微观渗流实验技术和设备（左2郭尚平，左4黄延章）

郭尚平（左2）与陈兴隆博士（左1）等操作采收率所高速摄影微观实验设备

郭尚平（右2）与渗流所领导和科技人员研讨用天然岩样微观实验研究 CO_2 混相驱渗流机理

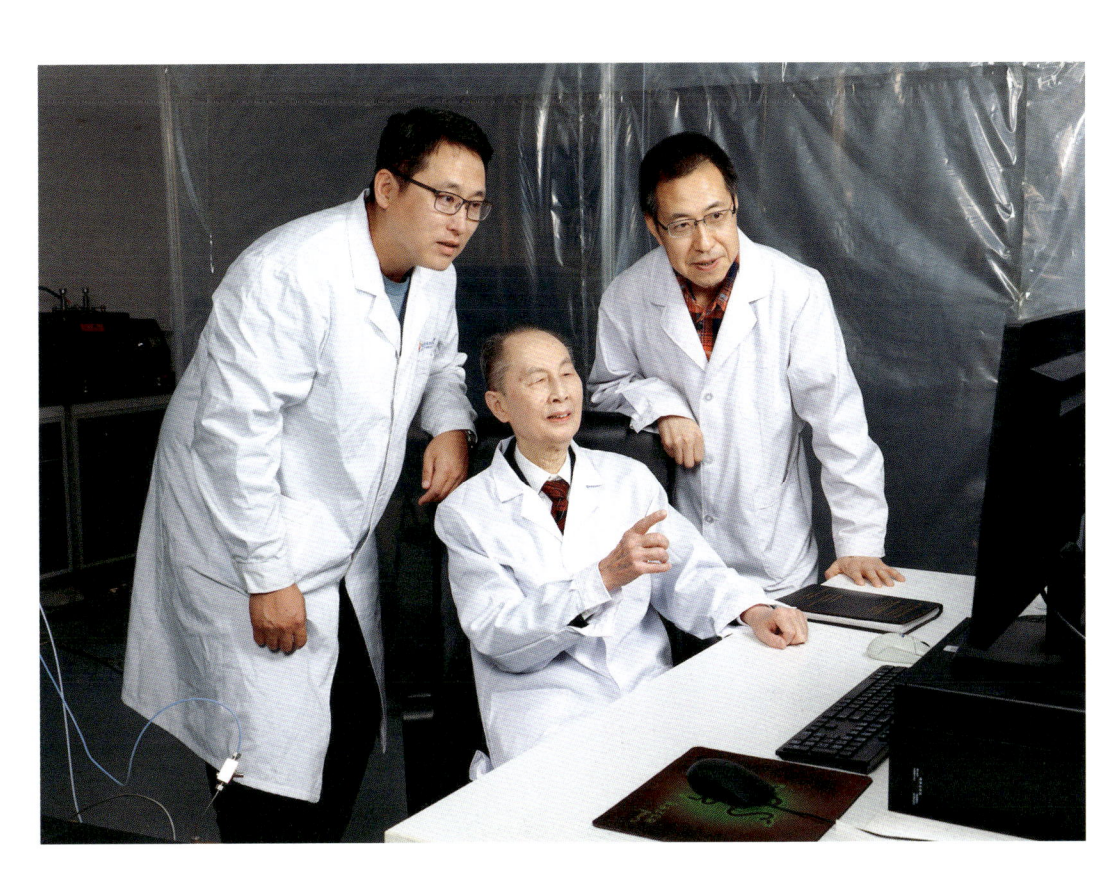

郭尚平（左2）与科研人员陈兴隆、王正波讨论高速摄影和小孔径微观模拟技术和设备

郭尚平（右2）与渗流所所长刘先贵及科研人员讨论杨正明等发明的低渗透致密露头高温高压大模型实验技术和装备（曾获中国石油技术发明一等奖）

郭尚平（左1）听取渗流所微生物提高采收率研究室主任俞理（右3）、副主任崔庆锋（左2）介绍他们的科研成果在油田现场获得很好的提高采收率效益

2021年，郭尚平与渗流所人员讨论微生物提高采收率微观实验研究

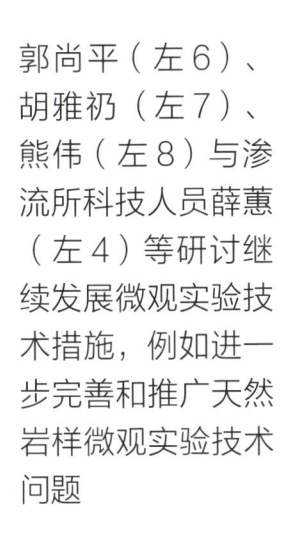

郭尚平（左6）、胡雅衻（左7）、熊伟（左8）与渗流所科技人员薛蕙（左4）等研讨继续发展微观实验技术措施，例如进一步完善和推广天然岩样微观实验技术问题

1980年，中国科学院兰州渗流力学研究室部分成员及家属合影
（后排：右2郭尚平）

1961年5月,中国科学院兰州地质所渗流力学室初建时部分成员及家属合影(左起:杨老师、夏根宏、马效武、黄延章、吕耀明、李显英、罗广芳、郭尚平、李惕平)

1981年,中国科学院兰州渗流力学研究室科技人员合影[左起:黄延章、刘慈群、郭尚平、林平一(西南石油学院)、闫庆来]

2021年，渗流所部分人员合影（前排：左7郭尚平）

1980年，在邵伯江苏油田举行的第一届全国渗流力学学术会议代表合影（前排：左6郭尚平）

1982年，在兰州举行的第二届全国渗流力学学术会议代表合影（前排：左1闫庆来，左5刘慈群，左7郭尚平，左8秦同洛）

郭尚平在全国第五届渗流力学学术讨论会上作报告

2005年，在北京举行的第八届全国渗流力学学术讨论会代表合影（前排：左9郭尚平）

2007年，在西安举行的第九届全国渗流力学学术讨论会代表合影（第二排：左9郭尚平）

2009年，在武汉举行的第十届全国渗流力学学术会议暨 2009 渗流力学及应用国际论坛代表合影（前排：左 12 郭尚平）

2013 年，在青岛举行的第十二届全国渗流力学学术会议暨国际渗流论坛部分代表合影（前排：左 6 郭尚平）

2015年，在成都举行的第十三届全国渗流力学学术会议暨国际渗流力学论坛代表合影（前排：左12 郭尚平）

2015年，第十三届全国渗流力学学术会议暨国际渗流力学论坛，郭尚平作主题报告"页岩气开发渗流研究的一些物理地质基础"

2017年，在杭州举行的第十四届全国渗流力学大会暨之江科学论坛现场（左4 郭尚平）

2019年，在大庆举行的第十五届全国渗流力学学术会议上，郭尚平作大会邀请报告"天然气水合物开发渗流研究的地质物理基础及建议"

1987年，石油工业部科技司司长金钟超（左2）、王明泰处长（左1）视察渗流所工作，石油勘探开发科学研究院副院长郭尚平（左3）陪同

1988年，石油工业部部长王涛（左4）及科技司司长金钟超（左6）、副司长史训知（左7）等领导视察渗流所工作，黄军其（左1）、郭尚平（左2）、黄延章（左3）、陈永敏（左5）等陪同

1988年，石油工业部副部长李敬（左1）及科技司副司长蒋其垲（左2）视察渗流所工作，石油勘探开发科学研究院副院长郭尚平（左3）陪同（左4渗流所陈永敏）

1989年，中国科学院数理化学部主任钱文藻（左2）、数学力学处处长吴本浔（左4）视察渗流所工作，中国石油天然气总公司石油勘探开发科学研究院副院长郭尚平（左1）陪同

1990年，中国石油天然气总公司石油勘探开发科学研究院副院长郭尚平（右）与渗流所所长黄延章（左）讨论研究渗流所工作

1998年元旦，钓鱼台国宾馆，原中国石油天然气总公司副总经理金钟超（左）听取郭尚平工作汇报后合影

1992年10月，中国石油天然气总公司石油勘探开发科学研究院领导班子合影（左起：王盛基、孙希文、于炳忠、沈平平、贾金会、翟光明、郭尚平、韩大匡、傅诚德、胡见义、张家茂）

中国石油天然气集团公司领导与为勘探开发工程技术服务做出卓越贡献的专家领导合影（右3郭尚平）

2003年，在东营参加石油大学50周年校庆时合影（左起：顾心怿、郭尚平、罗广芳、时铭显）

2003年，在胜利油田参加低渗透油藏开发学术研讨会专家代表合影（前排：左11郭尚平）

2005年，在青岛参加中国石油学会第一届油田开发学术会议代表合影（前排：左6郭尚平）

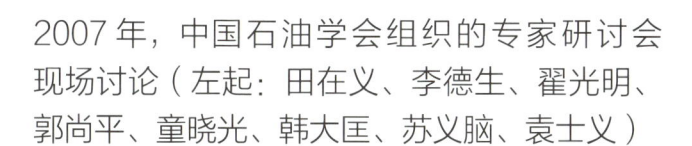

2007年，中国石油学会组织的专家研讨会现场讨论（左起：田在义、李德生、翟光明、郭尚平、童晓光、韩大匡、苏义脑、袁士义）

2008年，参加西南石油大学50周年校庆时合影（左2康玉柱，左3刘海琴，左4罗广芳，左5郭尚平，左6韩大匡，左7李淑勤，左10童晓光）

2009年，郭尚平等在晋南考察煤层气田生产状况

2010年，国家973项目"碳酸盐岩缝洞型油藏开发基础研究"年度工作会议代表合影（前排：左5郭尚平）

2013年，郭尚平（左2）为中国石油大学（华东）油气渗流研究中心成立揭幕

2015年，郭尚平（右2）在延长油田七里村采油厂观察中国第一口油井时与孟总工程师（右3）讨论该井产油108年还继续出油的原因和生产史

2015年，郭尚平观察张家滩页岩地质剖面并采样

2013年春节,中国石油天然气集团公司人事部领导来家慰问(左1黄革处长,左2曹月主管,左3郭尚平,左4罗广芳,左5佘华副局长,左6王希文处长)

2015年,郭尚平(前排右3)在延安参加延长石油创立110周年暨"十三五"发展座谈会

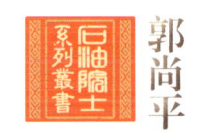

2015年，郭尚平、罗广芳夫妇在延长油田七里村采油厂参观中国陆上第一口油井

2016年，郭尚平（左1）参加中国石油院士学术咨询交流活动

2017年，郭尚平（右1）在松基三井前与大庆油田专家讨论大庆油田将来的宏伟发展

2017年，郭尚平在大庆松基三井前沉吟良久，思索大庆今后发展的光辉前景

2018 年，中国石油勘探开发研究院 60 周年院庆合影（前排：右 5 郭尚平）

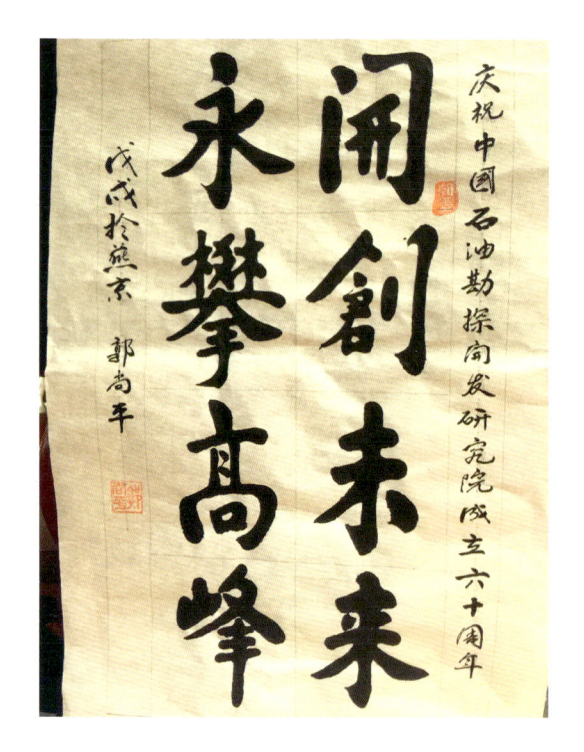

2018 年，中国石油勘探开发研究院 60 周年院庆，郭尚平题词祝贺

1971 年，陕甘宁油田（长庆油田）指挥部派郭尚平和穆文生（92 军干部）去五七油田（江汉油田）接收研究营至长庆油田会战

1983年兰州，全国雪冰学术会议全体代表合影（前排：右9 郭尚平）

1984年6月，郭尚平登上青藏高原昆仑山垭口考察，海拔4837米

1984年，郭尚平（左2）考察中国科学院青海生物所香日德试验农场

1984 年，郭尚平在青海湖边考察高原生物的油菜籽生长情况时认为，高原农业大有可为

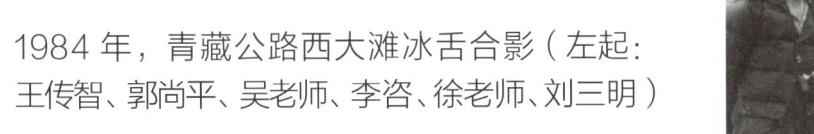

1984 年，青藏公路西大滩冰舌合影（左起：王传智、郭尚平、吴老师、李咨、徐老师、刘三明）

1959年，郭尚平（左2）、陆勇（左3）等在莫斯科全苏油田开发研究所进行科技合作项目（本图原载于苏联苏中友好协会出版的《苏中友好》周刊1960年2月第7期封二）

1979年，中法力学界人士在巴黎凯旋门前合影（左起：郭尚平、吴承康、周光坰、沈士本、丁敬）

1979年，中国力学代表团应邀访问美国院校和企业，图为访问南加州圣地亚哥大学时留影（右1周光坰，右2丁敬，右3郭尚平，右5吴承康，右6王正文）

1979年，美国南加州圣地亚哥海滨合影（左起：郭尚平、美方教授、周光坰、吴承康、王正文、丁敬）

1987年，在日本大阪举行的第二届中日美生物力学会议部分代表合影（右2郭尚平）

1990年，郭尚平（左）、张慧敏（中）在德国海德堡考察适于工业科研的大空腔高磁场核磁共振成像设备时留影

1990年，郭尚平（左2）、张慧敏（右2）、陈永敏（右1）在瑞士考察适于工业科研的大空腔高磁场核磁共振成像设备时留影

1992年，参加国际石油工程师协会（SPE）年会的中国代表团在白宫前合影
（左1李克向，左3秦同洛，左5李虞庚，左6郭尚平，左8万仁溥）

1986年，北京京西宾馆，国家自然科学基金委员会力学组第1届第1次评审会代表合影（前排：左2郭尚平）

2000年，院士和教授们在郭尚平办公室讨论力学发展趋势[左起：郭尚平、伍小平、傅德薰、张教授、童秉纲、周恒（背对）]

1996 年，中国科学院数学物理学部院士合影（第三排：左 10 郭尚平）

2016 年 5 月，中国科学院第十八次院士大会数学物理学部院士合影（前排：右 11 郭尚平）

2018年，中国科学院数学物理学部院士合影（前排：右4 郭尚平）

2021年，中国科学院第二十次院士大会数学物理学部院士合影（前排：右6 郭尚平）

2009年，中国科学院数理学部力学组院士合影（左起：李家春、郭尚平、周恒、崔尔杰、白以龙、张涵信）

2009年，京西宾馆留影（左起：郭尚平、王元、杨乐）

2009年，人民大会堂留影（左起：方守贤、陈佳洱、张存浩、郭尚平）

2009年，人民大会堂合影（左起：谢家麟、谢夫人、郑哲敏、郭尚平）

2012年6月11日，北京人民大会堂，两院院士大会代表聆听中共中央总书记胡锦涛重要报告（前排：左3郭尚平。本图截取自2012年6月11日《新闻联播》画面）

2016年，中国科学院数学物理学部力学组院士合影（左起：邓小刚、李家春、张涵信、周恒、郭尚平、白以龙、郑晓静）

2021年，中国科学院第二十次院士大会数学物理学部力学组院士合影（左3郭尚平）

2021年5月28日，郭尚平、罗广芳在人民大会堂参加两院院士大会聆听习近平总书记重要报告后留影

2006年，郭尚平（前排右2）、王德民（前排左1）等考察参观丰满水电公司

2019年吉林抚松，中国科学院院士献计献策（前排：右2郭尚平）

2019年，蚌埠市长征求中国科学院院士们关于蚌埠市进一步发展的意见

1997年，中组部组织院士专家在浙江休假时合影（第三排：左7孙家栋，左8王永志，左9郭尚平，左11李志坚；第二排：左10王丹阳，左13罗广芳）

2004年，中国石油和中国石化的两院院士合影（前排：左5郭尚平；第二排：左5罗广芳）

2006年，中国石油的院士及夫人们合影（后排：左5郭尚平；前排：左4罗广芳）

1999年,国庆50周年天安门观礼时留影
(左起:胡见义、王迺、郭尚平)

1999年,国庆50周年天安门观礼时留影
(左起:王迺、李天相、郭尚平)

2008年，奥运会开幕式前留影（左起：郭尚平、戴金星、童晓光）

2009年，国庆60周年郭尚平在天安门观礼时留影

2013年春节，院士联欢会上中国科学院院士合唱团表演（后排：左4郭尚平）

中国科学院领导来郭尚平家慰问

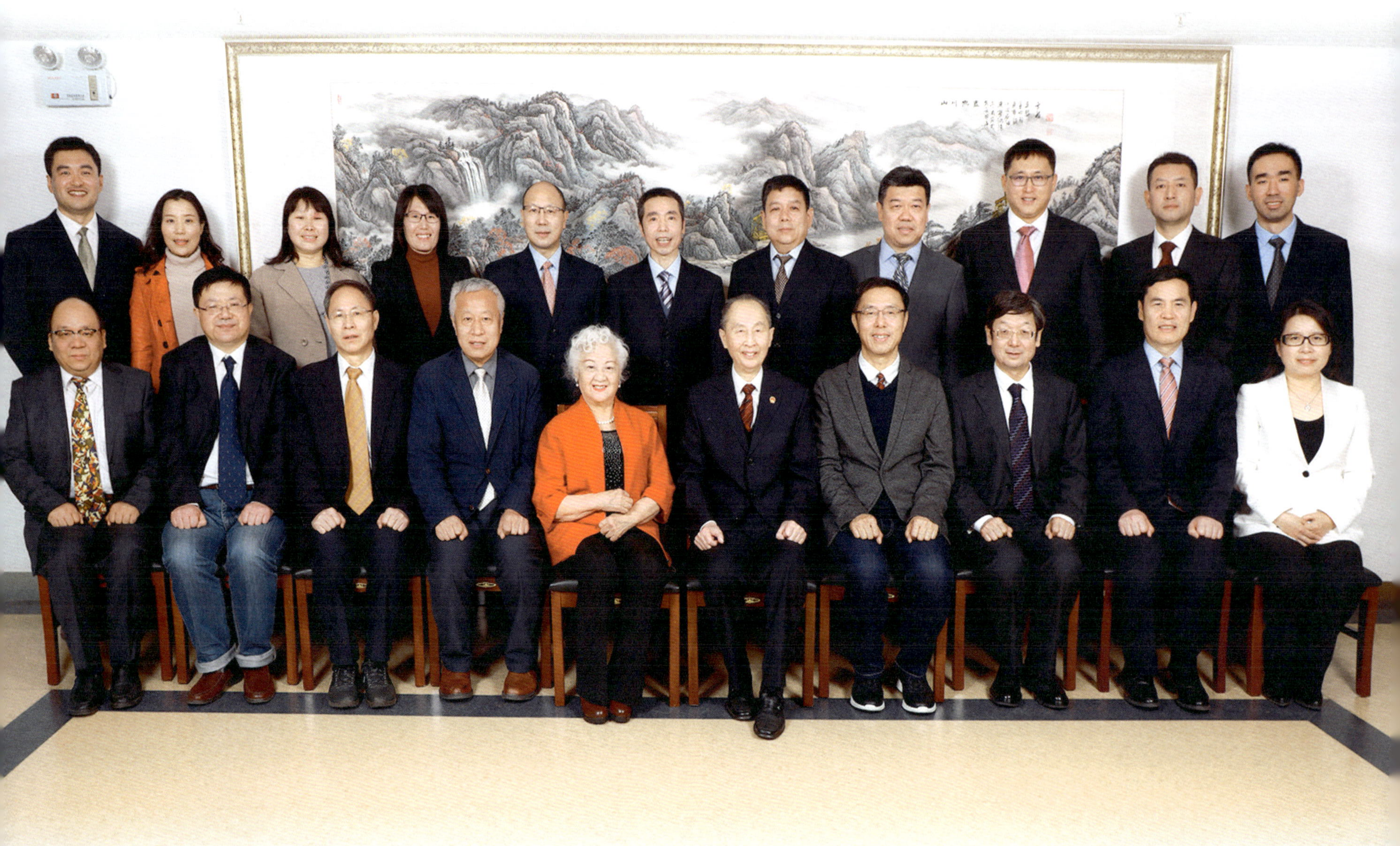

石油院士系列叢書

郭尚平不仅自己在科研上勤思善为、不断创新，成为在微观渗流、生物渗流等多个领域的专家，同时在培育青年学子、为国铸就栋梁的导师生涯中，更是倾其所学，不遗余力，薪火相传，烛照后人，换来桃李芬芳于五湖四海。许多研究生和科技工作者从郭尚平的课堂上出发，继续弘扬科学报国的光荣传统，在中国石油工业战线上续写着新一代石油人的创新篇章。

郭尚平20世纪80年代初期即是国务院学位委员会力学组成员和硕士研究生、博士研究生导师。40年来培养了30多名博士和博士后，他们都已是科学研究、技术开发、院校教学和生产管理等方面的骨干。

1986年，渗流所研究生论文答辩会（左2写字者为郭尚平）

郭尚平（中）、王家禄（右）指导博士生杨超（左）正确分析计算

郭尚平（右1）、王家禄（左1）审查指导博士生杨超（右2）论文阶段成果

2008年，博士生毕业授学位后与导师合影（左起：刘朝霞、郭尚平、王正波、韩冬）

2013年教师节，博士生们向导师郭尚平（左2）、师母罗广芳（左3）祝贺节日

2018年，中国科学院渗流流体力学研究所研究生录取前的夏令营教育活动，郭尚平讲述钱学森和郭永怀的爱国情怀、回归祖国、科技卫国的故事，以"爱国和做学问"为题，对学员们进行爱国主义教育

2018年，中国科学院渗流流体力学研究所研究生录取前的夏令营教育活动（郭尚平作"爱国和做学问"报告后与学员们合影）

2021年，郭尚平、罗广芳伉俪与在京部分学生（1980—2020年授予博士学位）合影留念（前排左起：罗凯、刘庆杰、叶继根、刘福海、罗广芳、郭尚平、朱维耀、窦洪恩、谢海兵、吴淑红；后排左起：李宁、张延玲、王志平、刘朝霞、童敏、叶正荣、田中元、王勋杰、王正波、高建、杨超）

庆祝中国共产党成立100周年

1921 — 2021

郭尚平的妻子罗广芳，也是一名老党员。夫妻二人用富有革命激情的言行营造了一种独有风韵的跨越世纪的爱情，为人所称道。夫妻二人育有两女一子。这几个孩子，在父母的影响下，不仅学业有成，而且孝顺达理，为老人的晚年生活增添了快乐。这是一个和谐之家，其融融与幸福，也许正是我们这一个伟大时代的投影。

郭尚平 岁月如歌

郭尚平（1957年） 　　　　　罗广芳（1958年） 　　　　　罗广芳（1959年）

1959年北京，郭尚平、罗广芳夫妇合影 　　　罗广芳（1954年，少先队总辅导员） 　　　郭尚平、罗广芳夫妇合影（1962年）

1957年6月29日重庆，郭尚平、罗广芳结婚照

2005年，郭尚平、罗广芳夫妇合影

罗广芳（2021年）

2009年，郭尚平、罗广芳夫妇合影

2007年，郭尚平、罗广芳夫妇金婚合影

2017年，郭尚平、罗广芳夫妇钻石婚留影

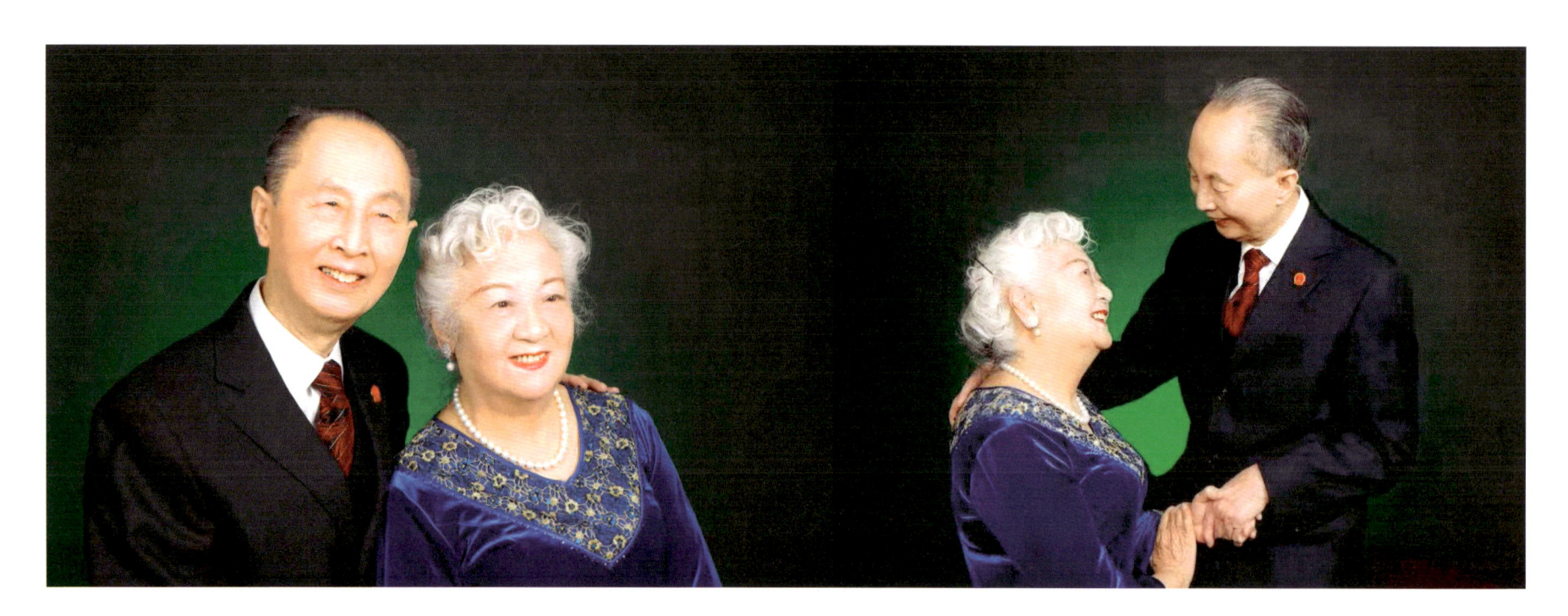

2021年，郭尚平、罗广芳夫妇合影

1980年兰州，郭尚平五口之家全家福

2007年北京，郭尚平五口之家全家福（左起：长子郭雪、长女郭小芳、罗广芳、郭尚平、次女郭漫）

1969年，郭尚平（后排左2）在重庆与岳母罗家亲人合影

1983年，四川资阳石油钻采研究院，罗广芳携次女郭漫和长子郭雪代表郭尚平参加郭家亲人聚会合影

郭尚平、罗广芳的大家庭已是"四世同堂"

2009年，郭尚平全家福三代人（第1、2、3代）（前排左起：郭尚平、付笑辰、付笑宇、罗广芳、裴松；后排左起：郭雪、杨林、郭小芳、郭漫、付凯军）

2021年，郭尚平的外孙裴松及其妻张苔娜伉俪（第3代）怀抱儿女（第4代）合影

2007年，郭尚平、罗广芳金婚家庭庆祝会

2017年，郭尚平和罗广芳钻石婚、外孙裴松和张苔娜女士新婚家庭联欢会

1999年，郭尚平70周岁生日时好友聚会合影（前排左起：张盛宗、胡文瑞、童秉纲、沈平平、罗广芳、郭尚平、郑哲敏、周恒、伍小平、张涵信、傅德薰；后排右起：刘福海、胡雅礽、张兆顺、崔尔杰、白以龙、连淇祥、张教授、刘兴汉、刘育晋、陈永敏）

2009年，郭尚平80岁生日家庭聚会留影

2019 年，郭尚平 90 岁生日时家庭聚会留影

2005年，郭尚平、罗广芳在老家四川省隆昌市云顶寨竹林屋基前留影（大门右侧第一间屋子为郭尚平原来的卧室）

郭尚平（左2）与友人在竹林屋基原来的前厅留影

2009年，郭尚平、罗广芳和儿子郭雪在故乡云顶寨南入口留影

2009年，郭尚平、罗广芳、杨林、郭雪在故乡四川省隆昌市云顶寨留影

1998年，郎平与郭尚平家人合影

1998年，演员李雪健（右）借用郭尚平（左）办公室拍摄反贪电视剧，二人愉悦交谈

1953 年，郭尚平未婚妻、重庆沙坪坝总辅导员罗广芳率数千少先队员欢迎抗美援朝特级战斗英雄易才学

1974 年，郭尚平两代 4 人同乘一车

郭尚平坚持练习太极拳（2013 年）

郭尚平球术不减当年（2017 年）

郭院士常说："我老伴罗广芳工作上支持我，生活上关心我；如果没有她作坚强后盾，我会非常困难。"
罗广芳还多才多艺，上图为罗广芳表演剑术、藏族舞蹈、钢琴和古筝弹奏

2000年，中国科学院院士新春联谊会上，郭尚平院士夫人罗广芳代表数学物理学部参赛表演长穗剑舞。中国科学院院长路甬祥和各学部主任组成的评委会评其为第1名。罗广芳1959年毕业于北京外国语学院后，任职俄语英语翻译，业余爱好舞蹈、体操、剑术、拳术及钢琴、古筝弹奏等

2017年1月6日，郭尚平（左3）、罗广芳（左4）在"首都院士专家新春联谊会"表演后，北京电视台主持人春妮儿（左1）让观众猜他俩多少岁，观众说："大概70岁。"春妮儿大声说："院士88岁，夫人85岁！"观众惊叹高龄，热烈鼓掌

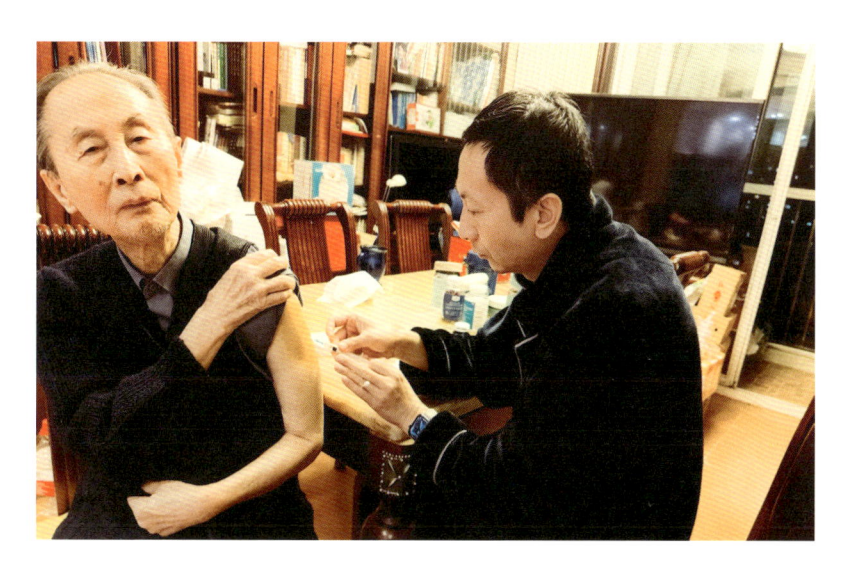

2020年，新冠疫情期间，儿子郭雪苦心钻研学习后为郭尚平打针、理疗

2020年，新冠疫情期间，儿媳杨林为郭尚平理发

2008年，郭尚平携家人举行模拟奥运火炬传递家庭活动

2021年6月30日，中国石油勘探开发研究院院长马新华（左1）、党委书记窦立荣（右1）给郭尚平（党龄70年）、罗广芳（党龄68年）颁发"光荣在党50年"纪念章

大事记

- 1929年3月17日（农历二月初七），郭尚平生于四川省荣县吕仙寨。

- 1936年3月，郭尚平进入玉皇庙小学一年级学习。

- 1938年9月，郭尚平考入井神庙男子小学五年级上学期。

- 1939年1月，郭尚平父母携全家从四川省自贡市迁居至隆昌县云顶寨。

- 1939年3月，郭尚平就读于云顶寨私立小学——秀毓小学。

- 1940年9月，郭尚平考入隆昌县县立初级中学33班（现隆昌一中）。

- 1944年2月，郭尚平考入成都清华中学（高中部）高10班。

- 1947年9月1日，郭尚平进入重庆大学工学院矿冶系学习。

- 1948年11月，郭尚平加入进步学生组织"求实社"。

- 1949年10—11月，郭尚平任护校组织松林坡三宿舍队长并守护中渡口。

- 1950年3月6日，郭尚平在"团干训班"加入中国新民主主义青年团。

- 1951年1月31日，郭尚平宣誓加入中国共产党。

- 1951年7月，郭尚平重庆大学毕业，留校任油气田开采专业助教。

- 1952年6月29日，郭尚平与罗广芳相识，不久后订婚。

- 1952年9月下旬，郭尚平公派赴北京俄文专修学校留苏预备部学习。

- 1953年9月下旬，郭尚平入学莫斯科石油学院研究生院。

- 1954年9月，郭尚平提出论文题目"油层水力压裂的效率"。

- 1957年4月16日，郭尚平全票通过论文答辩，被授予苏联副博士学位。

- 1957年6月3日，郭尚平乘火车离莫斯科回国。

大事记

- 1957年6月11日，郭尚平抵北京，分配到中国科学院和石油工业部工作。

- 1957年6月29日，郭尚平返抵重庆探亲，当日与罗广芳完婚。

- 1957年8月5日，郭尚平偕罗广芳返京。

- 1957年8月6日，郭尚平开始在北京石油地质勘探研究所筹建处工作，任工程师。

- 1957年8月7日，罗广芳入北京外国语学院学习。

- 1958年3月，郭尚平带领工作组赴新疆编制克拉玛依油田开发设计。

- 1958年9月，郭尚平等在克拉玛依受到中共中央副主席、中华人民共和国副主席朱德的接见。

- 1959年，郭尚平被聘为国家科学技术委员会石油地质专业组成员。

- 1959年3月，郭尚平等赴莫斯科参加审核克拉玛依油田初步开发设计。

- 1959年9月下旬，石油工业部部长余秋里听取郭尚平汇报克拉玛依油田开发设计并做重要指示。

- 1959年12月，侯祥麟、郭尚平、干志坚赴莫斯科参加社会主义国家经互会会议。

- 1960年4—6月，郭尚平等赴莫斯科参加审核克拉玛依油田正式开发设计。

- 1960年11月13日，为建设大西北，郭尚平自愿迁家至兰州。

- 1960年11月，郭尚平组建中国科学院兰州地质研究所渗流力学研究室。

- 1960年11月22日，郭尚平长女郭小芳出生。

- 1961年3月，郭尚平任石油工业部大庆油田开发工作组渗流研究计算组组长。

- 1961年3月起，郭尚平领导渗流组完成大庆油田第一个开发区设计渗流研究计算。

- 1962 年，郭尚平在大庆油田参加技术座谈会，参加完成"146"方案。

- 1962 年 1 月起，郭尚平、刘慈群的非均质油田开发水动力学计算方法在大庆油田应用。

- 1962 年 8 月，周恩来总理视察大庆油田，和郭尚平握手谈话，并予以鼓励。

- 1962 年 8 月，郭尚平参加《全国 1963—1972 年十年科学技术发展规划》编制。

- 1962 年 8 月，郭尚平有了"微观渗流"科学思想和实现的设想。

- 1962 年 9 月，郭尚平有了"生物渗流"科学思想和实现的设想。

- 1963 年，渗流力学研究室研发成功一次成型地层大模型及 X 射线观测流体运动技术。

- 1963 年，第一次全国流体力学大会，渗流组 12 篇论文中有 11 篇为兰州渗流室成果。

- 1963 年，第一次全国流体力学大会，郭尚平作大会特邀报告。

- 1963 年，钱学森召郭尚平汇报并决定建立渗流力学所。

- 1964 年起，大模型技术在玉门、大庆等油田实际应用并在全国不断发展。

- 1964 年 8 月，郭尚平、刘慈群、李永善的 641 队与玉门油田合作，建立并应用小层动态分析方法。1965 年在大庆现场会上展出推广。

- 1964 年，渗流力学研究室被评为中国科学院 12 个先进集体之一。

- 1965 年 9 月，王震将军召见郭尚平，嘱科技支援新疆生产建设兵团开发地下水。

- 1966 年 7 月 16 日起，郭尚平因"文化大革命"停止党员生活和研究工作。

- 1967 年 5 月 13 日，郭尚平次女郭漫出生。

- 1969 年 1 月，郭尚平到宁夏中卫沙漠地劳动改造。

- 1969 年 9 月，郭尚平恢复党员组织生活。

大事记

- 1970年2月，郭尚平参加石油工业部组织的四川天然气会战，任气田开发连长。

- 1971年5月1日，郭尚平等调长庆油田会战，任长庆油田研究院副院长。

- 1971年5月31日，郭尚平与兰州军区穆文生赴江汉油田调研究营，组建长庆油田勘探开发研究院。

- 1972年12月21日，郭尚平长子郭雪出生。

- 1974年8月，中国科学院调郭尚平回兰州，暂在冰川冻土沙漠研究所科技处工作。

- 1974年12月，郭尚平被任命为兰州冰川冻土沙漠研究所科技处处长。

- 1977年，郭尚平带领马效武等正式开展微观渗流模拟技术研发工作。

- 1977年，郭尚平任地学组学术秘书，执笔起草全国地球学科科学发展十年规划草案。

- 1977年，郭尚平为力学组组员，参加制定全国力学学科科学发展十年规划。

- 1978年，郭尚平补选为中国力学学会第1届理事会理事。理事长为钱学森。

- 1982年起，郭尚平曾任多届中国力学学会常务理事和流体力学专业委员会副主任。

- 1978年，郭尚平、于大森、吴万娣等开展生物渗流研究。

- 1978年，郭尚平、黄延章、胡雅礽等加强微观渗流研究团队。

- 1979年，郭尚平任中国石油学会第1届理事，后曾任常务理事兼学术委员会主任。

- 1979年，郭尚平任国家科学技术委员会力学学科组及石油地质专业组成员。

- 1980年，中国科学院（直属）兰州渗流力学研究室成立，郭尚平任主任。

- 1982年，郭尚平任国务院学位委员会力学学科组成员。

- 1983年9月12日，中共中央任命郭尚平为中国科学院兰州分院院长。

- 1985年11月30日，中华医学会吸收郭尚平为会员。

- 1986 年，郭尚平任国家自然科学基金会第 1 届力学组组员并多届连任。

- 1986 年，中国科学院和石油工业部商定，渗流室改制为研究所并当年迁至廊坊万庄。

- 1987 年 8 月 8 日，石油工业部任命郭尚平为石油勘探开发科学研究院副院长。

- 1987 年，郭尚平、于大森、吴万娣等建立了生物渗流理论，创立了"生物渗流"学科分支。

- 1987 年 9 月 23 日，郭尚平迁居北京，开始在石油工业部石油勘探开发科学研究院工作。

- 1988 年 3 月 23 日，周光召与王涛分别代表中国科学院和石油工业部签订渗流所改制为双方合办的渗流流体力学研究所的协议，郭尚平作渗流所情况汇报。

- 1989 年，中国石油天然气总公司举办培训班推广郭尚平团队的微观模拟技术。

- 1990 年 2 月，郭尚平团队出版世界上第 1 部微观渗流专著《物理化学渗流 微观机理》，开创"微观渗流"学科分支。

- 1995 年 10 月，郭尚平当选为中国科学院院士（数学物理学部）。

- 1997 年 9 月，《中国石油天然气总公司院士文集·中国科学院院士郭尚平集》出版。

- 1999 年 10 月 1 日，郭尚平应邀参加北京天安门国庆 50 周年观礼活动。

- 1999 年 10 月 12 日，郭尚平在重庆大学 70 周年校庆大会上，代表 10 万校友致贺词。

- 2008 年 8 月 8 日，郭尚平应邀参加奥林匹克运动会开幕式。

- 2009 年 10 月 1 日，郭尚平应邀参加北京天安门国庆 60 周年观礼活动。

- 2009 年 10 月 12 日，郭尚平在重庆大学 80 周年校庆大会上，代表 20 万校友致贺词。

- 2016 年 6 月，《郭尚平院士文集——渗流力学》由石油工业出版社出版发行。

- 2021 年 6 月 30 日，郭尚平、罗广芳被授予"光荣在党 50 年"纪念章。